감성시인 지연희의 여섯번째 외출

남자는
오레오라고 쓴
과자케이스를
들고 있었다

지 연 희
poems 6 st

남자는
오레오라고 쓴 과자케이스를
들고 있었다

남자는 오레오라고 쓴 과자 케이스를 들고 있었다

초판발행 2009년 6월 30일 **지은이** 지연희 **펴낸이** 안창현 **펴낸곳** 코드미디어 **인쇄** (주)이펙피앤피 **표지디자인** 안창현 **편집디자인** 이효정 **등록** 2001년 3월 7일 **등록번호** 제25100-2001-5호 **주소** 서울시 은평구 갈현1동 419-19 1층 **전화** 02-6326-1402 **팩스** 02-388-1302 **전자우편** codmedia@codmedia.com **ISBN** 978-89-962704-0-9-03810 **정가** 10,000원

남자는 오레오라고 쓴 과자케이스를 들고 있었다

감성시인 지연희의 여섯번째 외출

북즈 미디어

| 작가의 말 |

여기에 닿는다

여섯 번째의 시집이다. 시간이 내어준 선물인 셈이다. 내 삶 속 문학은 어떤 빛깔일까를 생각할 때가 많다. 그 가운데 시 쓰기라는 명제 앞에선 언제나 망연하기만 했었다. 그러나 이 길의 끝에는 높고 낮은 경사를 넘어와 하나의 구릉을 이룬 작은 산이 보였다. 먼 산맥이 내려놓은 한 생의 편린들이 내 문학걸음의 지류에 닿기 위한 일이라고 보면 그것이 비록 미미한 것 일지라도 소중하지 않을 수 없다. 저 산 아래 첫 걸음으로부터 시작된 한 걸음 두 걸음 끝을 잡고 여기에 닿는다. 우리 사는 이웃의 질박한 숨소리와 모든 사물들에게 감사를 전하며, 서문을 써 주시어 시집의 빛을 밝혀주신 문덕수 선생님께 깊은 감사를 드린다.

2009. 6

지연희

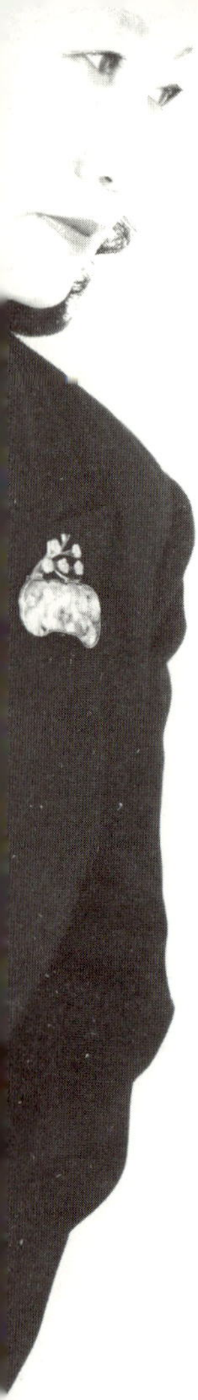

| 서문 |

지연희, 그 기법의 맥후脈候

지연희 시인이 시집 「남자는 오레오라고 쓴 과자 케이스를 들고 있었다」를 상재한다. 이제 시인으로서 스타디움의 뜀틀에 우뚝 선 그의 춤출 듯한 모습이 돋보인다. 수필가로서의 그의 재능에 시성詩性이 플러스한 것 같은 느낌도 든다. 먼저 서치라이트 같은 시선視線의 강도强光를 감지하게 된다. 의식의 감각질qualia이라고 해도 괜찮을 것 같다. 흔히 오감五感이라고 하거니와, 그의 감각은 시각만이 아니니까.

그가
유리창을 다시 닦는다
해가 뜰 때 닦던 손으로
해를 지고 닦는다
—「거울 닦기」에서

유리를 닦는 조석朝夕의 노동이 '손'이라는 이

미지에 일체가 되어 있다. 유리를 닦는 손에는 해 뜰 때와 해 질 때의 사이 즉 하루의 긴 간격間隔이 접속되어 있다. 시간의 경과가 응축되어 있다. 특히 해 뜰 때 해를 안고 유리를 닦는 동작은 생략 내지 함축含蓄되어 있고, 해 질 무렵을 암시하는, 해를 등에 지고 닦는 모습이 드러나 있다. 이 몇 마디 조사措辭에서 생략과 암시를 볼 수 있고, 여기서 그의 시선의 지속적인 강도를 느낄 수 있다. 다음 특성으로 넘어가 보자.

작자의 시선은 '사물의 묘사'에 집중되는 것으로 보인다. '사물'은 '관념'의 대립이다. 이 점은 시인으로서의 지연희의 방법이면서 중요한 자산이 아닌가도 생각된다. 사생력寫生力이라고도 할 수 있고, 정情에 앞서 경景을 더 중시하는, 선경후정先景後情의 시법이다. 예를 들어보자.

> 바닷물 저만치 밀려오지 싶은
> 벼이삭 베어낸 황량한 논바닥 같은 갯벌끝
> 이름 잃은 검정 슬리퍼 한 짝 덩그렇게 앉아
> 잃어버린 주인의 전신을 저 혼자 찾고 있다
> —「궁평리 갯벌」에서

'선경후정'을 '즉경생정'卽景生情이라고 해도 괜

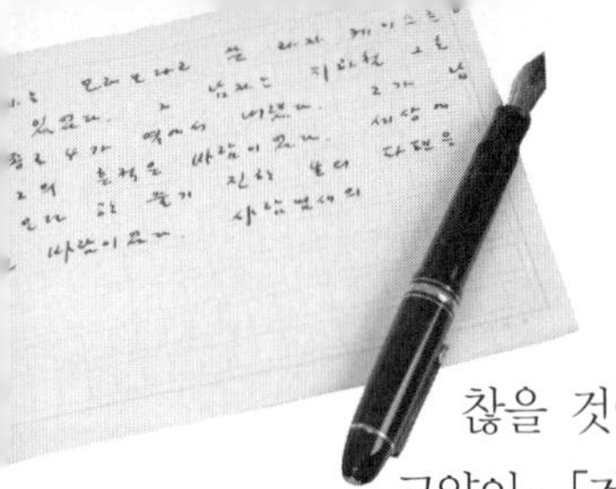

찮을 것이다. 「궁평리 갯벌」, 「지붕 위의 고양이」, 「겨울, 조용한 풍경」, 「운학산의 소나무」 등, 그의 주요작품들은 모두 즉경생정이라고 할 수 있다. 물론 '검정 슬리퍼' 의 상징적 존재의 등장도 우리의 주목을 끌지만, 여기서는 '검정 슬리퍼' 의 배경이랄까. 어쨌든 그런 존재의 장소 묘사를 주목하고 싶다. 사생寫生의 경지도 이 정도는 되어야 하지 않을까. 바닷물 저만치 '밀려오지 싫은' 은 의식의 미묘한 명암明暗까지 묘사한 것임을 발견하게 된다.

이런 종류의 사생寫生의 이미지는 굉장히 많다. '아버지, 전쟁의 폐허 위에 맨발로 서서/헐벗은 농부의 옷 갈아입으신' (「아버지」), '다섯 손가락 모두 마른나무 꺾이듯 접혀진/외짝의 장갑 하나' (「분실」), '열대 과일 하나가 접시 위에 쪼그리고 누워 있다' (「망고」) 등, 작자의 시선이 장소와 그 강도를 보여주는 이미지들은 도처에 산재한다.

여기서 사물을 중시하는 의의를 새삼 중언부언하고 싶지 않다. 사물 중시에서 사물과 거리를 두는 주체(시인)의 객관주의나 중립적 자세 등도 보이지만, 그리고 이런 문제도 매우 중요하지만, 여기서는 일일이 언급하고 싶지 않다. 여기서는 주제를 은근히 암시하는 작자 특유의 수법을 지적하고 싶다.

가령 「운학산의 소나무」의 주제는 한 마디로 단정하기 어려운, 다양한 의미로 해석할 수 있는 공간을 열어놓고 있다. 이것도 일종의 '암시' suggestion의 방법이라고 할까. ① 소나무의 신음하는 성장, ② 자기에 대한 자기 채찍질, ③ 수직적 성장의 높이, ④ 나무의 새 둥지와 신성한 자세, ⑤ 묘지를 쓰다듬는 낙엽 등은 각각 한 속성屬性의 사생이지만, 이 전체가 집합하여 '소나무의 삶' 이라는 큰 개념으로 묶을 수 있지만, 이것이 이 시의 주제냐고 묻는다면 얼른 대답하기 어렵다. 「지붕 위의 고양이」는 고양이의 죽음을 통해서 죽음의 고독과 슬픔의 정경을 읊은 작품이다. 「망고」의 '망고', 「분실」의 '외짝 장갑', 「아버지」의 '큰 소나무', 「초승달과 샛별」의 '동행', 「꽃잎 풀기」의 '꽃 한송이' 등은 모두 주제이나, 그 주제를 관념으로 제시하지 않고 사물로 암시하고 있다. 지연희의 방법 요소要所다.
이상 몇 군데 맥후脈候를 짚어본 셈이다.
대성을 빈다.

기축년 초여름

문덕수(시인, 예술원회원)

| 차례 |

1 테프네트의 손

2

햇살 가득하다

3 꽃잎 풀기

4

거울 닦기

5 떼제미사

1

테프네트의 손

궁평리 갯벌

서해안 궁평리 솔밭, 송화가루
뿌옇게 날리고 있다. 그 둔덕 아래
바닷물 저만치 밀려오지 싫은
벼이삭 베어낸 황량한 논바닥 같은 갯벌 끝
이름 잃은 검정 슬리퍼 한 짝 덩그렇게 앉아
잃어버린 주인을 저 혼자 찾고 있다
육신의 시작이었던 태초의 한 점 물방울
순식간에 빠져 나간 발가락 단호히 붙들지 못한 죄
파리한 낯빛으로 용서를 빈다
저만치-
돌이킬 수 없는 시간의 열쇠를 쥐고
서서히 스며오는 비릿한 생명의 입자들
밀물이 빈손으로 슬리퍼를 토닥이는데
파르르 물 가닥을 잡고 흐느끼는
슬리퍼 한 짝,

막막하다
모래 벌 까지 차오른
가슴 멍든 사람들 슬픔의 깃발
퍼렇게 뒤척이고 있다

그곳에 가고 싶다

기찻길 옆 초가집
작은 마당을 지나 싸리문 앞에 나와
흰 광목 앞치마에 젖은 손 닦으시며
잰 걸음으로 반기시던 어머니, 그리운
어스름 저녁

보랏빛 등불 환한 초가집
그곳에 가고 싶다

늙은 등나무 한 그루 등 굽은 채 서성이고
기차는 저녁노을을 싣고 철길 멀리 사라지며
언니-어머니-나 팔베개하던
꽃빛 시간의 흔적만 남겨 놓은

보랏빛 등불 환한 초가집
그곳에 가고 싶다

남자는 오레오라고 쓴 과자 케이스를 들고 있었다

그는 과자를 물고 있다
부풀어 오른 빵처럼 둥글게 부은 얼굴
부실공사로 무너진 성수대교 같은
잇몸으로 과자를 씹는다, 눈을 감은 채
두꺼비 등 같이 부픈 때 묻은 손
무릎 밑으로 흘러내리는 검은 가방의
짐을 웅켜쥔다, 입술을 꾹 다물고
열시 방향으로 고개를 치켜들더니 눈 감고, 가끔
몇 겹의 옷 두툼한 소매 끝 사이로 밀려난 손가락 하나를 움직이며
고개를 갸우뚱거리는 남자
오레오라고 쓴 과자 케이스를 한 손에 쥐고
두 입술을 모아 오물거린다, 감은 눈으로
환히 떠오른 보름달이 눈 속에서 빛나고 있었을까
한입 베어 문 그믐달 모양의 오레오가
맥없이 손가락에서 떨러진다
깜짝, 눈을 뜨고 바닥의 그믐달 하나를 다시 베어 무는 남자

강 깊이 빠져 헤어나지 못하는 허기, 가득한 절망

그믐이 지나야 보름달이 가까워진다는 걸 알고 있을까 남자는

불현듯 눈을 뜨고 두리번거리며

무릎 위에서 시이소를 타던 삶의 무게를 어깨에 메고 하차준비를 한다

시작도 끝도 없는 순환열차 2호선 그가 선택한 종착역에서

남자는 그의 전 생애 비축해 놓았던 '사람' 냄새를

전동차 가득 쏘아대고 내렸다

문을 닫고 사라진다

오레오 과자가 담겨있던 빈 케이스를

한 손에 들고 –

망고

열대 과일 하나가 접시 위에 쪼그리고 누워 있다
노오란 개나리 꽃물 같던 그녀의 얼굴이 검푸른 멍을 두르고
파르르 알몸의 살갗을 움츠린다
조용히 감겨 있던 그녀의 파리한 눈이
겨울 마른 나뭇가지 같은 앙상한 손가락 위에서
주춤 주춤 깨어나고 있다
고향이 어디세요 묻는 내게
그녀는 더욱 큰 울림으로 몸을 떨었다
어깨 너머 흔들리는 저 야자수 흐드러진 태평양의 물결 속엔
어미 잃은 남매의 젖은 눈망울이 노을 지고,
그녀의 눈동자 깊숙이 가라앉는 한 그루 사과나무
한 때는 어린 남매의 꽃구름이었듯이
이국의 낯설음도 가을 하늘처럼 푸르기만 했었다
냉기 가득한 아랫목 겨울 한파를 견디며
종일 부풀어 해어진 손톱 끝 습진까지 별빛이었을
그녀의 삶,
칠흑의 밤 몸을 덮친 검은 승용차에 빼앗긴
함몰된 왼쪽 뇌의 깊이만큼 아득한 그녀의 미래는

햇살 달콤한 고국도, 냉엄한 불법체류의 고단함도
눈망울 출렁이며 기다리는 아들, 딸마저
불현듯 이는 한파의 칼날에 스러지고 없다
휑한 눈동자에 스민 저 아득한 일몰

접시 위엔
살점 다 빠져나간 망고의 얇은 잔해가 지느러미를 흔들며
태평양의 바다를 헤엄치고 있다

분실 紛失

해 저물녘의 인도 변
다섯 손가락 모두 마른나무 꺾이듯 접혀진
외짝의 장갑 하나
기력을 소진한 파충류처럼 웅크리고 누워있다
바람의 예사로운 장난기에 사시나무 떨 듯 하는
저 빈한함,
일몰의 구둣발마저 검은 인주를 찍고 간다
한 때는 윤기 흐르는 살갗의 금빛 온기이었던 속내
헌신짝 버리듯 흘려버려진 건 아니리라
미움이 깊어 등 돌리듯 흘려버려진 건 아니리라
둘이어야 온전한 하나가 되는 줄 아는 그리움이
눈을 감고 잃어버린 길 찾아 뒤척이지만
길은 열리지 않는다
온몸을 등배치기로 내던지는 바람
아직도 장난중이다

무심한 발자국이 전신을 밟고 가는데
바람이 칼날이다

아버지

아버지,
전쟁의 폐허위에 맨발로 일어서서
헐벗은 농부의 옷 갈아입으신
당신의 굵은 땀방울은 잃어버린 시간의 아픔입니다

장마로 내려앉은 둑과 함께 무너지는 가슴을
추스르던 아버지의 하루,
당신의 구릿빛 얼굴은 황금들녁처럼 든든했습니다

바다보다 깊고 하늘처럼 넓은 아버지의 가슴이
이제야 천근무게로 가슴에 내려앉고
사랑방 그 침묵의 헛기침소리가
뼈 속 깊이 그리움으로 사무칩니다

되돌릴 수 없는 시간의 흔적 저 너머에
뿌리 깊은 소나무로 살고계신 내 아버지
오늘도 그 소나무의 그늘 속에서 아버지를 바라
봅니다

옹벽 擁壁

야생동물 로드 킬 주변
다랑논 논두렁 돌무더기 속 겨울잠 자고 나온
너구리 한 쌍 몸과 몸 포개어 끌어안고
경칩 지나 아카시아 덤불 아래 낮잠 자더니
누군가 질투의 불 지피게 한 모양이다
온몸의 털 다 빠지고 피부 문드러져
봄의 길목 3월의 냇가 둑 위에 엎드려 누워 있다
하얗게 소복하여 동곡하는 암컷 너구리
시간의 덮개로 육신을 지우는 풍장風葬 앞에서
앙상한 뼈 들어난 지아비 몸뚱이
거듭 거듭 토닥인다
철원평야, 죽은 짝의 목줄에 자신을 감는 한 쌍의 두루미처럼
암컷너구리 지아비 따르는 길이 사는 길이라 한다
전신엔 피부 모낭충 전염병 묻혀놓고
눈자위 털 빠지기 시작하더니, 웅크려 눈감고 있다
털끝을 스치는 한 줄기 바람에 날아오를 듯 가벼워진 몸
잃어버린 반쪽의 슬픈 길동무하는 둑길엔
뼈 속 깊은 조춘의 한파도 고개 숙여 비켜선다

죽음의 늪 보다 깊은 사랑

길 위엔
오르지 못한 옹벽에 갇혀
두꺼비 한 마리 로드 킬 아슬 아슬 건너간다
소쩍새 삶 하늘다람쥐 남생이 수달
삶과 죽음 위에 서성이고 있다

운학산의 소나무

바람의 엷은 손끝에서
가는 신음처럼 흔들리는 잎새들
태고적 울음인양
나무는 휘청이며 바람이 된다
150년 시간을 저 깊은 뿌리로 딛고
나이테의 크기만큼 제 몸을 치는 채찍으로
기둥의 가지란 가지를 꺾어내던 소나무
아직도 수행중인지 키만 껑충하다
살갗에 박힌 한해살이 눈금의 옹이는
패잔병의 투구처럼 주인의
나이며 이름만 세고
제 키만 키운 욕심이 부끄러워
150계단 까마득한 높이로 나무는
보시의 집 하나를 허락했나보다
출렁이는 아기 새의 둥지 가슴에 안고
꼿꼿이 두 손 합장한 나무,

오늘은 뿌리 가까이 기대어 잠들지 못하는
평평하게 내려앉은 주인 없는 묘지
떨어진 잎새로 쓰다듬고 있다

이식 移植

내 것이 네 것이라는 토닥임으로
바다 건너 햇빛 좋은 길을 걸어와
두 눈 감고 기다리는 실명失明의 족쇄위에 올려진 망막
얇은 명주 결 같은 둥근 달 하나가
30년 어둠을 헤매던 청년의 안구 위에서
태초의 빛을 물고
신의 손에 잠긴 족쇄를 연다
끊어진 휴스를 연결하고 봉합하는 구원의 손,
서서히 망막에 닿는 사물들이
어둠의 크기를 썰물처럼 밀어내며
동해의 일출을 열고 있다

'글자가 보이네요
어머니 얼굴도 보이고요
꽃이 이렇게 아름다웠나요'

청년은 손에든 지팡이를 내려놓고
햇살나무숲을 걸어가고 있다
긴 절망의 터널 끝에 피어오르는 내일

겨울, 조용한 풍경

판자 집 하나가
먹물 빛 어둠 수레를 끌고 간다
이순의 자식 가슴에 묻은 탄식 녹슨 드럼통 굴뚝으로
내뿜으며 걷는다
지옥문 앞의 바람처럼 가늘게 나풀거리는 하루분의 가픈 호흡
천천히- 천천히 두 어깨에 휘감으며 끌고 간다
따뜻한 온기 부르지 못한 빈종이 봉투 속 얼음장 같은 절망이
열한시 삼십 분 소등된 상점들 앞 도로를 지날 때
삐걱이는 판자집 대문의 때 묻은 문고리 사이로
희미하게 꺼져가는 백열등의 마른심지 곁으로
사정없이 달려드는, 영하 십이도
기력을 소진한 낡은 작업화 뒤축이 지표면 위에
천근 생명의 족쇄를 끌며 떨어지는데
바퀴는 심호흡으로 원심력을 키우다가
멈추어 설 듯 멈추어 설 듯 적막 속으로 스며드는데
차마 숨조차 쉴 수없는 고요,
껍질 검게 타버린 고구마 노오란 속살이

드럼통 안에서 미이라처럼 식고 있다

찢어진 신문지 조각
활자들, 마른 시멘트 바닥에 몸 던지는
밤거리는
조용하다

좌선 坐禪

호수는 한 자쯤 얼음두께를 더하고
나무는 밤새도록 채찍중이다.
대웅전 안 좌선에 든 수도승의 가쁜 염불처럼
삼복의 끓는 번뇌를 씻고 있다
무릎 꿇어 눈 감아도 들앉는 분심,
법화경 소리만 높아진다
번뇌의 자락은 어디서 와서
마음속 어디에 고이는지 흘려보낼 길이 없고
전신에 흐르는 선혈로도 모자라
쉬임없이 죽비만 든다
빈 가지를 들어 제 몸의 기둥을 치는
대한大寒의 참나무

슬며시 들여와 앉힌 분별없는 바람
참 나는 자꾸만 멀어 진다

지붕 위의 고양이

희뿌연 황사 먹구름처럼 몰려오는 도로변
가로수 앙상한 가지인체 입 꾹 다물고 봄 오기를 기다리는데
길 건너 아들 삼형제 어린 날 연탄가스 마시고 저능아로 성장한 집
엊그제 낡은 기와 걷어내고 조립식지붕 못 박아 대더니
난데없이 지붕 한 쪽
회색빛 고양이 한 마리 이른 아침부터 누워있다
노숙의 고단함 뿌리 깊이 스며 일어서지 못하는 것일까
어디선가 119구조대원 같은 검은고양이 다녀가고
하나 둘 스며들기 시작하는 조문객
슬픈 낯빛으로 두 발 곧추세우고
꼬리 깃 막대처럼 세워 놓았다
회색빛 주검 향해 빙 둘러앉은 아픔의 가닥들
열 마리는 족히 넘는 모양이다
석양의 둥근 조등 이층집 옥상 물탱크에 걸린
저 엄숙한 침묵의 시간
바람이 그림 위에 낮게 내려앉았다 사라진다

그리고
찰나의 순간, 비통한 낮빛의 문상객들
하늘 높이 고개 치켜 올라더니 일제히 통곡을 잇
는다
우우우 - 우우우 - 우우우
저 섬뜩한 슬픔

촛불은 꺼지고
서서히 지붕을 빠져나가는
고양이
고양이들
마침내 저 혼자 어스름의 지붕을 지키는
주검

참새와 나뭇꾼

도심으로 쫓겨 온 한 무리의 참새 떼
굳은 살 박힌 나무꾼의 손바닥위에 내려앉아
사방을 두리번거리며 분주하다, 더 이상 달아날 곳 없는 슬픔이
포르륵 포르륵 날아오고 날아가며, 눈물겨운
한 가닥의 지저귐을 쪼아 삼킨다

무심코 나무꾼의 손끝에서 떨어져
낮게 허공을 가르는 반쪽의 새우깡이
발목 달아난 참새의 오체 투신 공양이 되어
가냘픈 부리로 퍼 올려진다
가파른 생명으로 살아 숨 쉬는 새우깡

나무꾼은
목마른 빌딩귀퉁이에 앉아 고장난 확성기 같은 도심의 소음을 말린다
철철이 꽃피는 나무 사라진 숲 팔레트에 푸는 나뭇꾼의 손끝에는
참새들의 행진이 줄을 잇고 있다

테프네트의 손

길을 가는데
칼날처럼 날카로운 길을 타고 가는데
호수와 호수의 징검다리 건너가는데
인연의 개울물 지나
그가 가뭇한 우주의 중심으로 걸어오고 있었다
기억의 저쯤에서 해를 좇아 날아오르던
푸른 날갯짓의 새 한 마리
여전한 눈빛으로 여전한 솔잎 향기로
다가오고 있었다
테프네트*의 가득한 손-
육중한 소음 속에서
육중한 눈빛 속에서
한참이었다
이슬이 내리고 비가 내리는데
회전목마처럼 돌아가는
시간의 레일을 밟고
우리는 길 위에 서서 말없이
길을 타고
길을 가고
너와 나의 길을 가고 있었다

---

*테프네트 = 고대 이집트 창세신화에 나오는 습기 · 이슬 또는 세계질서의 여신. 순결의 상징

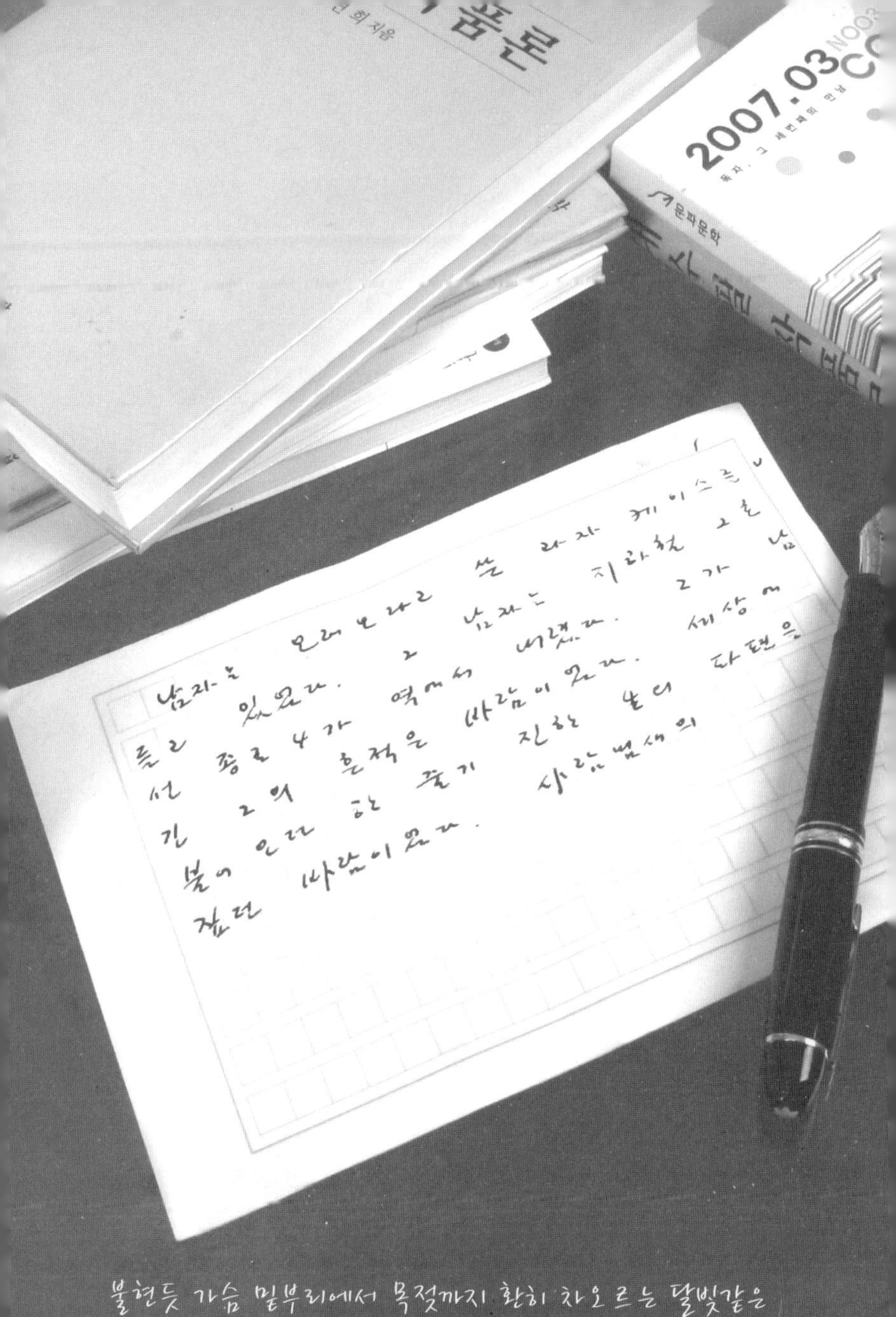

불현듯 가슴 밑부리에서 목젖까지 환히 차오르는 달빛같은 것을 확인할 때가 있다. 그 빛이 내 생명의 원동력이며 나의 오늘을 살게 하는지 모른다.

2

햇살 가득 하다

5000년의 포옹

-이탈리아 북부 만토바 발다로 연인의 유골-

하늘 무너지던 그날,
꽃과 나비를 가르던 거대한 폭풍 속에서
멈추어지지 않는 사랑이 팔을 뻗어 그대를 안고
지상의 삶을 내려놓았나보다
수억 만 년의 흐름 속 어느 죽음도 닿지 못할
견고한 사랑,
매 순간의 시간은
매 순간 가슴 아파 눈물짓던 神은
뿌리 깊은 흙으로 겹겹이 이불을 덮어주고
달구어 제련한 보석 하나 비춰 보이고 있다
이승에서 깁지 못한 사랑
5000년의 나이테로 꿰어
너의 가지 나의 가지 자석처럼 끌어안고
비로소 하나의 살결을 이루는 영원한 포옹
(연리지나무 한 그루-)
결박된 톱니바퀴의 결합 속에서
붉은 장미꽃 한 송이 피워낸다

꽃잎 지울까 손끝 하나 댈 수 없는

아침이면 동녘하늘에 떠오르는
저 순미純美한 꽃

그가 잠들어 있었다

그가
누워 있었다
사지를 늘어뜨리고
그가 살았던 삶의 무게만큼 그렇게
침묵하고 있었다
지상에 존재하는 온갖 고독 한 몸에 쓸어안고
소사나무 울창한 영흥도 십리포 해변
방조제 아래
아비 쥐 한 마리 버려진 육신으로 누워있었다
어디서 왔는지
어디로 가려 했는지
파도소리 울창한 저녁
어스름 내리는 파도울음소리 그곳에
스스로를 버리고 있었다
한 생명의 끝이
짙은 어둠으로 묻히는 해변,
길동무 하나를
내려놓는다

꿈의 바다

처음부터 몸 일부를
훼미리쥬스 병만큼의 수로에 대어주며
옥토를 일구어 밭이 되라는 부탁은 하지 않았다
어느 날인가 그의 손은 생명의 촉수를 솟아 올리더니
서서히 푸른 깃발을 펼쳐내고
만국기 같은 깃발은 더듬이를 내어
수로의 물이란 물은 다 마셔 버렸다
주방의 창가 조각난 빛에 굶주린 짐승처럼 매달려
사춘기 소녀처럼 봉긋하게 가슴을 키우고
단숨에 마셔도 풀리지 않는 갈증으로 몸을 떨었다
한나절 지나,
스티로폼 생선박스 육지의 크기에 손 뻗는 사내의 눈동자
신이 내린 거룩한 섬 하나를 순식간에 점령한 녹음의 물결
싱싱한 맥박이 행진곡처럼 울려나고
풍성하게 근육을 넓히던 그는
여름 한낮 지나, 하늘을 밀어 올릴 듯
불그레한 낮빛의 주먹들을 불끈 불끈 감추기 시

작했다

처음부터 그는 제 살 속 어미의 사랑으로
실뿌리를 끌어내고
뿌리 끝으로 생명의 피육들을
대지의 깊이로 점령할 요량이었다.

나뭇잎 붉게 물들어

치매 아내의 뭉그러진 기저귀 갈아주던
치매 아내의 세 끼 준비하던
흉건한 가을이 내리는데
땅의 살갗이 켜켜이 갈라졌다

마른 나뭇잎 갈퀴손 같은 아흔 두 살 남편이
아흔 세 살 아내 생명줄에 매달린 절망
두 손 쥐어 영원한 안식의 값으로 떼어주고
질긴 철사 줄에 스스로의 평생을 마감했다

이백오십만원의 통장 막내아들에게 남겨
육신을 거두어 달라는 유언, 처마 끝 궂은비로 내리고
가을이 내리는데
땅의 살갗이 켜켜이 갈라졌다

나뭇잎 붉게 물들어
땅의 살갗이 운다

대숲의 햇살

낮은 산자락 끝이었네
창창한 녹음의 대숲이 제 가슴에 스며드는 길손을 위해
어스름의 죽풍도 함께 참한 식탁을 차려 주었네
참이슬 백세주 참이슬 백세주 참이슬 백세주 날아다니며
문사文士들은 초저녁별의 신명한 눈빛으로
제 아량 껏 불쑥 불쑥 솟아나는 죽순과 같이
바람과 꽃이 되었다가 하늘의 새가 되기도 하였네
나는 뜬금없이 한참을 곧다는 것에 대한
의문 부호를 접었다 폈다, 폈다 접었다를 반복
하다가, 울창한 대나무 꼿꼿한 마디를 향해
과녁을 향한 화살처럼 가슴을 열고,
하오의 햇살이 꽃 무지개처럼 나무들 허리사이에서
나비처럼 춤추는 일 바라보았네, 바라보면서
저만치 해 그림자 아래
가느다란 어린 대나무 중심이 자꾸만 땅 끝으로
휘어지고 있다는 걸 스러지고 있다는 것 알았네
다만 지금은 죽비를 맞는 동자승의 참선
가을 황금 벼의 결실은 거듭된 바람의 흔들림 탓이

었다고
　스러지는 나무를 때리던 어머니의 회초리였다고

　마디마다 스며든 상처의 핏물이었네
　숲 사이에 수를 놓는 햇살처럼
　어린 대나무를 흔드는 바람

사바나의 물줄기 루 떼

푸른 초원만이 생명임을 그들은 안다
지축을 흔드는 질주
수백만 마리 맥박들이 숨 가쁘다
비켜갈 수 없는 강, 키를 넘는 물살의 깊이를 헤엄쳐
강기슭을 거슬러 오르는 넘어지고 밟히는 아비규환,
길을 내어주던 강은 넓은 물살로 시간의 거리를 재며
여리디 여린 어린 루의 발목 하나를 낚아챈다
기력이 쇄한 늙은 루의 발목 둘을 낚아챈다
번개처럼 제 살길이 바쁜 걸음들 멀리 달아나고
순간의 공간 위에 올려져 둥 둥 둥 수면을 이루는
수백 마리의 루 떼-
지구촌 생존의 호흡, 너를 위한 제물이다
힘 있는 자의 아귀처럼 과실나무 아래 입 버리고
물길을 가르는 악어들의 풍요로운 식사시간-
강물은 온통 핏빛이다
아프리카 사바나를 이루는 무리의 까아-만
물줄기

부활의 강을 건너 초원을 출렁이고 있다

핏빛 강물은 흐르는데-

어떤 외출

장애인 노약자 보호석, 노부부와
검은 지팡이 하나 꾸부정하게 앉아있다
흔들리는 전동차의 가파른 호흡이
성급하게 뛰는 시계추 같기도 한 그곳에는
팔십 노인의 두 손안 휴대폰도 숨을 쉰다
자석처럼 붙어 앉은 아내의 어께에 기대어 노인은
깊이 감은 눈으로 끄떡 끄덕 짧은 꿈엔 놀이를 한다
늙은 비둘기 한 쌍의 흔들리는 외출-
왼쪽 어께에 의지한 노인의 받침목이 되어
눈동자만 무릎 아래로 내려놓던
심줄 불거진 늙은 아내의 손 하나가
손 전화를 쥔 노인의 남은 손 하나를
빼어 살포시 깍지를 낀다
우물 안 두레박과 굵은 동아줄로
힘을 주어 마주 잡은 열개의 손가락
낯익은 바다를 여유롭게 항해하는 저 평화,
오후 한낮의 햇살이 지하에서 탈출한 전동차를
쓰다듬는다
박꽃처럼 환히 피어나는 노인의 주름살
그들의 지도엔 몇 개쯤 시간의 나이테가 그려질

모양이다

누군가 연결될 벨소리는 들리지 않고
흔들리는 전동차의 가파른 호흡 위에서
늙은 비둘기 한 쌍 어디론가 흘러간다

지팡이 하나

전 재산 송두리 남의 손에 넘겨주고
火病으로 가슴을 앓던 어머니가
일 년 내내 자리보전하시더니
마른 나뭇가지 같은 전신을 세워
마른 세상 다시 쥐어 보겠다고, 어느 날
버들가지 같은 지팡이 하나 들고 일어섰다
10분 거리 춘천극장 길 건너 보신탕 집 다녀오라
양은 냄비 하나 쥐어주셨다
삼복의 여름 날 뜨거운 앞집 마당의 복순이
짖는 소리 땀 흘리며 손에 들고 오는데
어느 새 날 반기며 내 걸음 앞에 마중나와
혀끝에 침 흘리며 따라오는 앞집 복순이-
식음을 멀리하시던 어머니는
꾸역 꾸역 마른 땀 흘리시며 복순이 친구의 슬픔을
죽을 힘 다해 목젖 깊이 넘기고 계셨다
턱 받히고 빤히 지켜보던 나를 쳐다보시며
이건 약이란다, 약이야 하시던 어머니
이후 한 달도 못 되어
눈가에 마른 눈물 떨어뜨리며
손끝에 닿던 세상을 훌훌 버리셨다

세상 끝 잡고 여물게 일어서던 지팡이 하나 산산이 부러지고
하늘엔 멍멍한 잿빛 구름이 낮게 깔려있었다

햇살 가득하다

봄 햇살 가득한
나뭇잎을 엄지와 검지 끝에 끼운다
부풀어 오르는 초록빛,
손가락 끝에 묻어나는 초록빛 햇살 위에서
살며시 미소 짓는 어머니의 따뜻한 손길
아픈 매 대신 등 도닥여 주시면
매끄러운 잎새의 살갗들은 눈부시게 빛을 물고
몸 안으로 흐르는 실핏줄의 길을 연다
잎맥을 흐르는 햇살
맨살에 닿는 시린 바람을 물리고
한결 부풀어 오르는 잎살들

햇살 한 모금 다시 마신다
펄럭거리며 도타워지는 나뭇잎
숲으로 흐르는 어머니의 숨결
따뜻하다

햇살이 노오랗다

노오랗게 잘 익은 귤 옷을 한 겹 벗기는데
봄 햇살이 벗은 귤의 속살 위에 듬뿍 와 앉는다
상큼하게 튕겨 오르는 개나리꽃향기,

어미닭 꼬리를 물고 따르는 노오란병아리 떼
말 배우려는 첫돌지난 손녀의 오물인 두 입술처럼
삐약거리겠다
뽀도독 뽀도독 솟아오르는 젖니 같이
가지사이로 새어나는 노오란 숨소리

노오랗게 잘 익은 귤의 속살을 드러내 입에 넣고
탱탱하게 부풀어 오른 봄을 삼킨다
나뭇가지 사이로 우르르 몰려와 종알거리는
노오란 빛살 무리들

꽃 시샘하는
삼월의 눈보라 저만치
뒷걸음으로 물러나고 있다
햇살이 노오랗다

지금 Now

내 평생을 저울질하여
깨알만큼 작은 점
그 위에 나를 세운다
돌아보면 가지에서 떨어진 꽃잎처럼
허망하기 짝이 없는
기억의 끈으로만 닿을 수 있는
두꺼운 퇴적층의
흔적 속으로 나를 깡그리 쏟아 붓는
물음표 투성이의 지금,
순간에 스쳐지나는 한 점의 투명한 바람
손가락 사이를 빠져나가는 잡히지 않는 빗방울
같은
자욱한 내 걸음의 생각을 재며
서성이고 있다
혼미한 미래를 손에 들고
모순투성이로 서있다, 지금
한 가닥의 빗방울
한 줄기 바람으로

가을빛 붉은

지금

곡선 曲線

앙상한 가지를 세우고
남은 몇 개의 잎 흔들고 있다
가는 바람의 손끝에 내어주며 잃은
마지막 호흡을 남겨둔 나비처럼 팔락인다
제 운명의 조화에 맡겨놓은 떨어져 내림의 날갯짓
눈빛 가득 숨겨놓은 미세한 떨림이 얼음장 같다
미소를 머금고 흘리는 눈물
더는 주체할 수 없나보다
파리하게 곱은 손 안의 한 조각 빵
떨구고 마는 가난한 이의 마음처럼
나무는 가지에서 잎을 내린다
빙그르 하강하는 결별의 몸짓
제 가슴 하나를 떼어내며 여전히
나무는 침묵뿐이다, 깊은 고요

영하 10도의 한파를 견디는
묵언의 슬픔
너에게 묻은 나의 길이 아프다

하루 종일 비 내리는 날

이른 아침 요꾸샤 테리어 한 마리
돌연 숨을 내려놓았다
하얀 천위에 올려놓고 겹겹이 염을 하는데
곁을 지키던 인연하나 눈물을 흘리고 있다
빛나는 아침이면 햇살보다 먼저 일어나
윤기 머금은 음성으로 하루의 문을 열어내더니
예기치 않은 이별 끊어내기 차마
걸음이 놓아주지 않았다, 주저앉아
손 내어 허리를 감싸고 쌓이는 두려움 베어내기
쉽지 않았던 모양이다
죽은 생명과 산 생명이 하나가 되어
간밤을 새우고
홀로 남은 눈빛이 빗물이다

이별은 때 없이 머무는
시간 속에 배양된 슬픔이다
부어주는 먹이도 밀쳐내는
하루종일
비 내리는 날

꽃

장미 한 다발이 책상 위
말갛게 속살이 드러난 유리 화병 중심에 꽂혀있다
몽글하던 꽃송이들이 터질 듯 물이 올라
거실 가득 만발이다

자정이 지난 시각
툭툭 후두둑
갑자기 책상위에 부딪는 빗소리
절벽 밑의 비명 같다
절정의 그 장미 웃음 곁에서
더 아름다운 꽃이 되어라 박수를 치던
나뭇잎들의 혼절
화병 밖 세상으로 떨어지고 있다

만개의 꽃 뒤에
비오는 날 비를 맞아주던 우산처럼
비가 되는 나뭇잎

3

꽃잎 풀기

가을

어쩌자는 것이냐
해는 서산에 기울고 바람조차 미동이 없다
어쩌자고 자꾸 울고 있느냐
새야,
지금은 땅거미 진 어스름의 마른 들녘
그 좁디좁은 가슴 팔락이며
소리조차 목울대를 넘기지 못하는
울음

오늘 밤
창문 너머로 잠은 들여놓지 말자

길

해박한 웃음으로 피어있는 네 몸짓이
돌부리에 걸린 내 발걸음을
바로 세우고

때로는 주저앉고 싶다가도
네 호탕한 음성이 맑은 시냇물같이
조약돌 속에서 길을 밝히고 있다

겨드랑이 사이로 손을 넣어
늘어진 양 어깨를 일으켜 세우는
겨울 햇살 같은 네가 있었구나

꽃을 피우고 싶다

아지랑이 이는 봄날의 들판
논과 논 사이 나란히 길을 만드는 전신주들도
뿌리를 내리고 싶다
뿌리를 내려 봄이면 등잔불 불씨처럼 불꽃이 되는
푸른, 새싹을 틔우고
꽃망울의 향기이고 싶다
삭풍 일던 그 질곡의 벌판에서 팔 벌리고
얼음장 같은 흙 속 맨발 맨몸으로 견디어 오길
여러 해, 너와 내가 다름 아니었다
때 없이 울어대는 전깃줄의 신음소리만
가슴을 파고드는 4월의 오후
강둑에 서서 초롱초롱한 꽃잎 물고 서있는 벚꽃 나무들
저 미루나무 가지 층층이 팔 뻗어 바람의 그네 타는 생명의 눈빛
뿌리에 담고 싶다
저녁노을에 불타는 봄꽃 무리
산자락 온통 물들이는 곱다한 진달래 뿌리처럼
내게 그리운 건 천지를 울리는 생명이다
혈관을 타고 흐르는 숨소리로

가는 실뿌리 땅속 깊이 뻗어내는
생명이고 싶다

꽃잎풀기

어제 한 잎
눈먼 바람 끝에 춤추고
오늘 두 잎
절벽 밑으로 무너져 내렸다
내일은
어떻게 그 절대고독의 이름
지울 수 있을까

꽃
한 송이

눈뜸

아지랑이 이는 3월의 강가
물비늘을 일으켜 세우는
강물 위의 햇살처럼

그대는
봄의 왈츠를 추시는 군요
생성의 건반을 두드리는 군요

깊은 침묵을 가르며 날아오르는
종달새의 비상처럼
나른한 몸짓의 대지를 흔드는
파릇한 생명의 힘

숨죽였던 미물들 귀를 열고
문밖으로 달려 나오는 군요

모를 리 있을까

바람이 산을 넘을 때마다
굽이쳐 바다가 일어서는 일
모를 리 있을까

해는 서산에 기울고
늪에선 무릎께까지 발목 빠뜨리고
갈대가 몸을 흔들고 있다
햇살로 기운 밤을 잠재우느라
젖은 몸 뒤척인다

바람이 산을 넘을 때마다
굽이쳐 바다가 일어서는 일
모를 리 있을까

바람

하루 내 서성이며 바람이 분다.
가로수 나뭇가지에 물든 단풍잎을 어르던 바람이
갈비뼈 사이로 스며와 빠져나가지 못하고
가슴 가운데에 회오리를 만든다

늑간 사이로 길을 잡다가
다시 주저앉고 마는 궁핍
바람이 아프다
보이지 않는 길을 헤매다
가슴 깊은 웅덩이를 파고
그 안에 빠져 저 혼자 운다

저 별빛도
가야할 길 찾지 못하고
홀로 망설이던 마음, 밤의 늪에 들어
어둠을 밝히는 꽃이다
찬연한 빛

바람의 짓

어느 날이던가
느닷없이 지펴놓고
숨어
지켜보고 있다

서녘하늘 온통 태워버릴
저 장작불

시냇물로 흐르고 싶다

적도의 열대 우림 인도네시아 깔리만탄 섬
젊은 피구스 나무 한 그루
평생을 노래하며 흐르는 시냇물이 되기 위해
제 몸 동여매어 고행중이다

굵은 뿌리 가는 뿌리 뿌리의 끈 모두
제 육신을 묶는 피구스 나무 한 그루
바람 부는 세상에 몸 부비며
생명의 손 하얗게 닳도록 기어올라
매 순간 제 몸 칭칭 휘감고 있다

제 속의 욕심 다 녹아내리기까지
뿌리의 끈 치켜 올려 스스로를 결박하는
티벳 고원 오체투신의 순례자
제 몸의 크기를 묶고
제 몸의 깊이를 묶는다

조약돌을 흘러 강물로 가는 저 맑은 시냇물 소리

알 수 없는 일

참나무 둥치에 나를 매어 놓고
거침없이 가슴을 앓는 일
깊은 우물 밑 웅덩이를 파는 일처럼
알 수 없는 문자로
마음의 글씨를 눕히고 세우는
조바심
어찌해야 할까
참 알 수 없는 일,
뭉툭한 몸을 녹여 한 방울의 순금을 채금하듯
못 박힌 손바닥 피 흘림으로 온전히 나를 내어주는
거룩한 극기의 거리

봄비는 보도 위에 내리고
잎 떨어져 앙상한
가로수 밑을 걷는다

여기와 솟아나고 있다

골목 안 구부러진 지표면을 보수한다는
굴착기의 소음이 지축을 흔들고 있다
온갖 소리와 소리를 삼켜버린
막막寞寞한 흔들림

하늘가에 꽃 무지개 피워보겠다고
서산마루를 짚고 있는 해가
미루나무에 걸려 휘청거리고 있다
저물녘까지 와서 참으로
어이없이 흔들리고 있다

베개를 베고 누운 침대머리를 흔드는 虛名

외딴집 목련

두메산골 외딴집
마당 한 쪽 목련 한 그루 서서
4월의 꽃 햇살 기다리던 이유 알겠다
홀로 있다는 외로움
가까이 닿지 못하는 사랑 딛고 일어서
그립다-전할 수 있는 노래있어 눈부시다
겨울 건너 봄 이르러
화알짝 웃음 지을 수 있는
순백의 목련꽃
반짝이는 웃음이
꽃잎마다 부서진다, 햇살
스며 피우는 눈부신 언어
그대조차
모르면 어떠랴

목련꽃, 온몸 살갗을 베어 피었다

참 꽃잎처럼 아름답게

–동경에서–

비는 그치고
밤은 깊은 침묵을 풀어
착한 아이처럼 잠잠하다
땅을 걷던 걸음이 문명의 이기에 탑승하여 하늘을 가르고
하늘 속 구름사이를 새처럼 날아올라
낯선 시간 속에 와 있다
서울의 아침에서 동경의 깊은 밤으로 잇는 시각–
모두는 각자의 방으로 잦아들고
문득, 나를 싸고 있는 정지된 사물들에 갇힌 나를
드려다 본다
싱글 침대 하나와 등이 큰 스탠드, 미니소파
살갗을 파고드는 습기와 마른갈증이
자꾸만 잠을 밀어내고 있다
안개 자욱한, 고요 깊은
이곳에 누가 나를 불러 세운 것만 같아
창을 열어 귀를 세우는데
하늘은 먹물빛이다
잠잠한 먹물빛이다

누가 나를 이곳에 불러 세운 것만 같이
어깨와 어깨를 나란히 앉힌 것만 같이
참 꽃잎처럼 아름다운 시간이 흐른다

초승달과 샛별

영롱한 밝기로
초여름 밤 중천에 태어나
반짝이고 있다
모든 반짝이는 빛들은
일제히 숨을 죽인
짙은 암흑의 바다, 그 중심의
일정한 간격 속에서
손을 내어
동행하는
빛과
빛

세상이 눈을 뜨던
첫 걸음의 그 시작으로부터
첫 걸음의 그 형상으로부터
어둠의 길 밝히는
꽃향기

저 묵언의 동행
찬란하다

때로는 내 종아리를 사정없이 내려치는 칼날같이 날카로운 채찍을 느낄 때가 있다. 그 채찍이 내 삶을 재단하고 있는 듯 싶다. 슬픔이 슬픔이지 않게, 기쁨이 더욱 큰 기쁨이기를 비는-

4 거울 닦기

폭죽

밤하늘 가득 꽃을 뿌리는
내 씨앗의 심중을
모르겠네

불현듯 꽃잎의
쉴새없이 별을 꿈꾸는
이카로스의 새,
순간의 불꽃으로 피었다가
순간의 불꽃으로 피어나는
내 쉼 없는 흔들림

끝끝내
허공중에 쏘아올리고 마는
바람 뒷모습의 꽃
모르겠네

활화산

긴 침묵의 심중心中으로
각혈을 하며
안으로 삭힌 불덩이 겹겹이
일어선다
붉은 장미꽃 불 섶에 달구어
쏟아낸다
수 억 년 안으로 새긴 말
뜨겁게 침묵하던 산의 눈물이
불쑥 불쑥
볼을 타고 흐른다

더
다독일 수 없는
응집된 언어

가로등의 투신

가을 잎
보도위에 투신하는
시월의 밤
비 내린 어스름의 골목길엔
어둠의 깊이를 쓸다 지친
가로등이
빗물 웅덩이에
전신을 빠뜨리고
누군가
숨어 흐느끼는 물결 출렁임
떨어져 흙이 되는 아픔을
물비늘을 지어
흔들고 있다

하루

깊은 암흑의 가운데에
찬연히 빛나는 그대여
깊은 빛의 그늘 가운데에
확연히 보이는 그대여

그대가 내게로 걸어오고
내가 그대 곁에 걸어가고 있구나

이쯤에서만
저쯤에서만
바라보는 인연의 끈
가고 오는 길로 연유된
우리는
어떤 이유로 만날 수 있을까

너는 낮이고
너는 밤이다

비로소

이렇게 투명한 눈으로
그대를 바라볼 줄 몰랐네
쉴 새 없이 나뭇가지를 흔드는 바람이나
계곡을 지나 개울을 흐르는 빗방울도
꽃잎의 그 숭고한 문 열기, 이후
잎 떨어져 흙이 되는 일
가뭇한 눈으로 내다볼 수 없었던
들풀처럼 향기로운 한 생의 전부를
비로소,
편안히 눈감고 바라보네
그대의 마른 손 끝에 입맞춤하며
'사랑 한다' 가슴 열어 보일 수 있겠네
그대 모르는 등 뒤에서.

여기는 겹겹의 지층이
온갖 소리와 형상을 차단한 평화

거울 닦기

그가
유리창을 다시 닦는다
해가 뜰 때 닦던 손으로
해를 지고 닦는다
거울이 유리를 닦는다
어머니 양수 속 열 달 채우지 못한 아픔으로
하루 종일 유리창에 가두어둔
형상들 드려다 보며
겹겹의 묵은 때 남김없이 지운다
어스름 하루해 저물기까지
허기진 유리창의 가슴을 열어
유리창에 넘어진 고단한 하루 그 위에
말간 햇살 가득 뿌려 주던 손
어둠 지우는 달빛의 다리 쉬어가라고
달빛의 길 밝혀 주려고
마른 나무뿌리에 물 붓고 있다
쓰러진 나무뿌리 세우고 있다

밤이면 디 세찬 손가락을 펴
유리창을 닦는다

그대, 바람의 꽃이여

-고 이순우시인의 영전에-

가슴 답답한 그리움으로
간간히 내 기억의 공간에 머무는
그대, 바람의 꽃이여,
마음 닿을 수 없는
이 허망의 거리에 서 있네

홀연히 떠나
꿈길에선 듯 희미한 목소리
그림자 이듯 허공을 스치고
이승과 저승의 길목 어디쯤에서
그대, 아직도 꽃향기 피우시는가

그대가 들려준 낙엽의 노래
'바람에 날리는 네 모습
어여삐 떠나는 날갯짓이다'
그래 그렇지-
위로처럼 가슴에 스미는데

그대 기억하는 한 사람이

하나님은 착한 사람 먼저
데려간다 하시네
그대, 바람의 꽃이여
이젠 편한하신가

내가 걷는 길

지금, 나의 길은
저 푸른 나무 잎 찰랑이는 숲의 길
가슴께 쯤 걷고 있습니다
어느 이름 고운 시간의 바퀴에 묻어
예까지 걸어와
풀 향기 가득한 오솔길을 따라 갑니다
나무의 이름
나무의 고향
나무의 얼굴을
헤며,
헤며,
참으로 향기로운 침묵의 평화를
가득한 여유로움으로 맞이합니다
매일 데 없는 자유의 꽃
지금, 나의 길은
저만치 들리는, 저 만치 보이는 숲의 새소리에
귀가 열리고
눈이 열리는
신묘한 아름다움 속으로 걸어갑니다

말갛게 씻은 아침의 나뭇잎 출렁이는 늪으로
나모르게 걸어가고 있습니다

다른 것 하나

보도블록 위
生의 파편처럼 떨어진
목숨–
목숨–
목숨–
목숨–

나그네의 발길 밑에서
바스락
비명조차 지르지 못하는
마른 것
하나

모성

상아파이프
비싸다는 말 듣고
오늘,
고개를 끄덕였다
백년 나이는 살아야 최고급 상품이 되는
코끼리의 뿔

어미 코끼리 단체로
아기 코끼리 한 마리
에워싸고 있다

물레

가던 길 멈추고
뒤돌아보니
고단한 물레질에 불거진
해어진 손톱 밑
살점
우수수 떨어져
여기 있네
촘촘히 그물 진
씨줄과 날줄의 결합
따사로운 한 폭의 사랑이
살아
스며오네
먼 산을 딛고 선
시간 위에
어머니 오시네

산이 누워서

너도
네 주인의 무게를 감당하기
어렵다만

나는
내 전신을 짓밟는 네 발자국의 무게를
감당하기 어렵다

해 뜨기 무섭게 무리지어 올라가며
해 지기 무섭게 무리지어 내려가며
거듭

내 태초의 침묵을
내 가냘픈 생존의 뿌리를
쉬임없이 흔들고 있구나

서울, 그 낯설음 속에서

처음 그대의 낯선 가슴에
마른 이방인의 뿌리 막무가내 옮겨 놓았을 때
그때, 서울역 대합실에는 날선 충청의 바람
반역처럼 거꾸로 달라붙어 등덜미를 잡기 시작했다
어미 잃은 송아지 같던 최초의 성한 두려움
갈기를 세우고, 대합실 밖 첫 걸음부터 지축이 흔들려
휘둥그레 돌아가던 네온 싸인 불빛 속으로 몽롱하게 스며들었다, 그리고
남대문- 동대문- 독립문-그 역사의 흔적 일상의 혼돈들
단숨에 달려온 시간의 터, 숨 가쁜 기억 속에서
한강 물은 마르다가 넘치다가
더 깊고 푸른 물빛 자락으로 여의 대교 밑을 흐르고
드디어, 수십 년 지하에 묻혀 숨 죽였던 청계의 곤한 잠을 흔들어
서울의 혈관은 마비된 동맥이 뚫리는 활기찬 순환이다
유유히 흐르는 청계의 여울 속에 발을 담그는데
새벽하늘별을 안고 달리던 청계 사람들 뛰던 발자

국이
땀방울이 발가락 사이에서 수십 마리 물고기로 뛰어오르고 있었다
광교에서 청계8가까지의 고가도로
그 거대한 무게를 떠받고 있던 물줄기의 의지,
가슴 벅찬 한강의 물빛 속에 꿈결인 듯 숨 쉬던 나
순간 순간 가쁜 숨으로 가로수 밑에 스러지던 나를 세우고
나를 세워, 실낱같은 한 가닥의 물방울로 흐르게 하는
그대,
반백년의 역사여

억새의 노래

억새들 소리 내어 울었다
미친바람이 싣고 온 허무맹랑한 야욕의
뿌리 뽑히지 않으려고
일어서 손을 잡고 운다

섬 기슭 깊숙이 발목 묶어 놓고
어미의 젖줄에 흐르는 참 사랑 지키기 위해
억새들이 운다
이쪽, 저쪽 소리 내어 울었다

저 혼자 피고 지는 비비추의 자줏빛 꽃무리
침략의 발자국에 밟힌 어머니의 영혼처럼 안고
자존의 문 열고, 문 닫으며
동해를 지키는 억새가 운다

날 세워 기어오르는
저 질긴 바람의 허욕
부딪쳐 밀어내며
억새가 운다 손을 잡고 운다

5

떼제미사

12월 끝에서

화살 하나가
어제 잃어버린 시간을
싣고 달아나고 있다
나를 묻었던 그 시간 속에는
숫한 새들이 날아오르고
장미꽃이며 해바라기,
백합이며 연꽃으로 피어나
드문드문 그들 향기에
취하곤 했었다

이제 내게 남은 건
굽이 닳은 헌 구두 한 켤레,
가슴속 나르던 새들은
하나 둘 날개를 접고
꽃들은 얇은 책갈피 속
물기를 말린 채 누워있다
휑한 바람이 어디로 갈 것인가
길을 묻는데

걸어 온 발자국은

아직도 희미하다

십일월

어제 막 해산의
동통疼痛을 건너온
맨몸의 들녘,

바람이
칼 하나를 들고
달려오고 있다

퍼렇게
퍼렇게
베인 가슴 스러진다

내 어미의 이름은 한반도

신령한 손으로 살과 피 다듬어
한 몸으로 이어준 어미의 젖줄 끊고
침략의 탈 쓴 허욕의 바람에게
태고의 청정한 몸 맡길 수 없네

유유한 날갯짓으로 하늘 나는 새들도
기슭에 피어난 이름 없는 저 풀꽃, 작은 풀벌레
본디의 뿌리 자를 수 없는 생명의 씨톨 흐른다네
어미의 음성
어미의 빛깔
어미의 형상
내 몸은 한반도의 유전인자로 빚은 거룩한 섬

이름 부르기 조차 역겨운 폭풍의 갈퀴손
나를 야욕에 찬 바람의 손 안에 맡길 수 없네
천년을 더 살아도 나는 독도-
내 어미의 이름은 한반도라네

마른 샘

책상 서랍에 넣어둔다
꽃잎이 마를 때까지
슬픔은 눈물을 흘리는 게 아니다
눈물을 딛고 일어서는 별빛 같은 미소
눈동자는 사막의 적요 위에 떨어지는
마른 비 한 방울
바람이 얼어붙은 계곡을 지나
두터운 외투를 뚫고 가슴을 저미는데
날을 세운 슬픔이
나를 미워해야 한다
나의 슬픔을 깨우는 내 의식과 나를 에워싼
문밖의 나
가여운
문안의 나를 미워해야한다
잠잠히 나의 슬픔을 책상 서랍에 넣을 때까지
꽃잎이 마를 때까지

거울 하나가
나를 들여다보고 있다

모기장

난데없이 달려와
핸드백 낚아채는 좀도둑처럼
빈번히 날개 접고 앉아
날카로운 비수 혈관에 꽂아 놓던
네 허기

이제 맹목의 갈취는 없다
50년 분단의 철조망 같은
그물망 사이
너와 나는
벽과 벽이다

문이 닫히고
솔향기 가득한 바람결 스미는
아득한 장벽을 뚫고
지척에 들리는 갈급한
네 숨결

물비늘로 꿈틀거리는 발걸음

남대문- 동대문- 독립문-
역사의 흔적 등에 짊어지고
단숨에 달려온 시간의 터, 숨 가쁜 기억 속에서
한강 물은 마르다가 넘치다가
깊고 푸른 물빛 자락으로 여의 대교 밑을 흐르고
드디어, 수십 년 지하에 묻혀 숨 죽였던 청계의 곤한 잠을 흔들어
서울의 혈관은 마비된 동맥이 뚫리는 활기찬 순환이다

유유히 흐르는 한강의 여울 속에 발을 담그는데
새벽하늘별을 안고 달리던 사람들 뛰던 발자국이
땀방울이 발가락 사이에서 수십 마리 물고기로 뛰어오르고 있다

마포대교 서울대교, 동작대교, 잠실대교, 천호대교, 성산대교-
거대한 삶의 무게를 떠받고 흐르는 흐름의 의지,
물비늘로 꿈틀거리는 발걸음,
오늘, 굽이쳐 숨 쉬는 장구한 역사의 흔적이

가픈 숨으로 가로수 밑에 스러지던 나를 세우고
나를 세워, 실낱같은 한 가닥 물방울로 흐르게 한다

그대, 그대의 유유함 속에 스며
깊은 하늘의 깊이를 가슴으로 잰다

이웃에게 빛으로 나눌 수 있는 재목이기를 빈다
사랑하는 소현아!
어여쁜 아가야!
네가 태어나 이 할미는 입이 마르도록 자랑거리가 생기고
공연히 네 사진을 꺼내 모두에게 보여 주고 있다
흰 강아지인형을 들고 함박웃음을 웃고 있는 아가야
한없이 사랑하고픈 아가야!

2008년 1월 13일
소현을 참으로 사랑하는 할머니가

거룩한 빛이

문밖엔 초복의 장맛비 하루 종일 쏟아지더니
온통 회색빛 낮은 구름이
땅 끝으로 가라앉을 듯 어둠을 몰아오고
천둥번개는 어린 강아지의 가슴을 두렵게 합니다
지긋이 두 손 모아들고 세상 모든 고통
치유하시기에 대문 밖을 서성이시는 어머님
당신이 밝혀 놓은 촛불은
하루 내 젖은 내 고단을 다독이느라 꺼질 줄 모르고
어디 아픈데 없을까
어디 다친데 없을까
가슴으로 안아 치유의 은총을 펼치십니다
눈을 뜨거라 아가야! 모든 아픔을 내가 짊어지리니
당신의 손길은 언제나 한결같이
피 흘림의 세상 죄악을 씻는
용서와 평화입니다
무거운 가슴 두 손을 내어 기도로 응답하시는
거룩한 어머니!
당신이 계심으로 오늘 하루 따뜻했습니다
하루 내 지쳐 스러지다가도 당신 빛으로 일어섭니다

성모님!

나무에게 물었더니

나무에게
하느님의 말씀을
물었더니
나무가
꽃을 피웠다
한다

나에게
내 삶의 시작을
물었더니
발이 먼저
고개를 든다

하느님이
웃으신다

떼제미사

등은 꺼지고
플룻연주 성가로 시작된 떼제미사
가득한 촛불이 마음의 눈을 뜨게 한다
보좌신부의 강복에 이은
제대 앞 신자들 촛불봉헌 행렬이
큰 나무 십자가 위에 기도의 꽃송이를 피웠다
무릎 꿇어 눈을 감은
잠깐의 묵상이 종아리를 때린다
묵묵히 내 속을 들여다보시는
하느님의 말씀을 듣는데
봇물 쏟듯 끓어오르는 눈물
그 눈물 위로
파릇이 돋아나는 봄날의 들풀 같이
활활 솟아오르는 생명의 불꽃들이
부끄러운 육신을 일으켜 세운다

발톱 밑 피 흐름 기도로 세우며

-부활-

삭풍 몰아치고 소란스런 밤
살갗에 닿던 눈보라가 멎고
천지는 어둠의 휘장에 싸였습니다
그리고
영롱한 내 허울은 거품처럼 사라지고
육신을 감싸던 이슬방울 하나가
대지의 깊은 기슭에 몸을 뉘었습니다,
흙의 깊이에 스며 몸 섞는 떨어진 마른풀잎의 달
굼 질
깜깜한 어둠의 늪 속에서 섬광처럼 꿈틀거리던 빛
'일어나 비추어라' 는 연록의 신 새벽이 눈을 뜨고
아득한 세상 밖에서 새소리 울리는
생명의 손길-
4월의 마른땅을 헤집고 돋아 올리는 신비한 은총,
잃어버린 내 육신의 가닥 조금씩 눈을 떠
뿌리를 세웁니다
막막한 어둠의 깊이를 딛고 오르는
발톱 밑 피 흐름

다시 파릇한 잎새를 올리고

다시 튼실한 줄기를 올리고
지난겨울에 잃었던 들꽃 하나
노오랗게 일어섭니다.

자애로운 성모님 미소 앞에서

가시관에 피 흘리시는 예수님 무릎위에 안고
가장 가엾은 눈빛으로 아드님 내려다보시던
순교자들의 모후이신 성모님!
하느님 인류구원사업의 도구로 쓰시기 위해
아드님 십자가에 피 흘리게 하신 가시밭길
정의의 거울로 치유 하셨습니다
자애로운 그 미소의 사랑이 꽃으로 피었습니다
세상없는 자식, 가슴에 묻은 큰 슬픔의 어머니 되어
하늘의 별이 되신 분
그리스도의 성스러운 어머니!
오월은 온통 장미 빛으로 촛불 밝히고
성모님 안에 겸손히 머물 수 있기를 기도드립니다
구원의 성모님!
깊은 상처의 고통으로 성모님 뵈오면
가슴 활짝 열어 품에 안아 주시는 사랑의 어머니
진정 당신 때문에 이렇게 햇살은 눈부시고
꽃들은 티 없이 맑은 향기를 피웁니다
새들은 저 생명의 나뭇가지에서 지저귀고
하느님 말씀과 말씀이 살아 광활한 들의 씨앗이
됩니다

어머니, 거룩하신 성모마리아님!
세상 모든 죄의 늪에서 오늘도 무릎 꿇어 기도하오니
봄이면 마른 땅을 헤집고 파릇이 돋아나는 생명들처럼
하느님의 신비를 마음속에 간직하며 살아갈 수 있고
세상 어두움 벗고 빛 가운데 사는 어머니의 자녀이게 하소서
그리스도의 영원한 모후이신 어머니
오늘도 어머니 가슴에서 피어나는 인자하신 사랑으로
어두운 뒷골목 버려진 땅 저 깊은 삶의 상처에
밝은 햇살이 비치이고 있습니다.
감사드립니다
성모님!

2006년 5월 성모성월에

족보 族譜

–순흥 안씨 家系–

시조 子자 美자 이후 수 세기를 등에 지고
순흥 안가 900년 혈통의 가계家系를 잇고 있는 종이 첩
가문의 영광과 가문의 아픔까지 손끝에 묻어난다
수백 년 역사를 한 권의 가첩家牒 속에 끌어안고
면면히 물결치는 저 충정의 고동소리
겹겹이 쌓아올려진 탑, 고조부 증조부 조부들이
피었다 지는 나뭇잎처럼 존재를 비우고
존재를 틔워 땅속 깊은 뿌리의 힘이 오늘을 살고 있다

영주군 순흥면 석교리에 서면 단비單婢들의 혁혁한 숨결소리
대학자 소수서원紹修書院 문성공 안향安珦
도산島山 안창호
의사義士 안중근
---수많은 충신 효자들

삶의 자취는 몇 자의 글자 속에서 꿈틀거리고

父아래 子, 父아래 子로 이어가는 가계家系의 끈
이만큼, 저만큼 주어진 흔적의 크기로 숨 쉬던
고고한 이름들의 시간이 종이 한 페이지를 채우고
나란히 나란히 누워있다
선비 정승 판서 충신 효자 효부 열녀
수백 년 시간을 걸어온 조상님들 먹물 빛 존함이
천지를 깨웠건만, 오늘은 그 이름 석자
흐르는 개울물에 씻겨 새털처럼 가볍다

퐁퐁 먼지로 깎이는 한지韓紙 속에서
어제 태어난 아기의 핏줄 하나가 눈을 뜬다

여의도를 흘러서

시간을 다듬는 저 다듬이소리,
처얼석 처얼석 처얼석 처얼석
굽이쳐 흐르는 물비늘이
하나씩, 하나씩 껍질을 벗고
껍질을 세울 때마다
내게 주어졌던 순간의 시간도 옷을 벗는다
다시 돌아올 수 없는 먼 곳의 어머니처럼
손 잡으려하면 빠져나가는 물살의 흔적을 쥐고
놓쳐버린 꿈의 날개를 펼쳐본다
건너가고 건너온 만큼 물살의 크기를 세워준
마포대교 밑 흐르던 한강의 강심은
기억하겠다
여의도 모래사장 다듬어 고층아파트 단지 일어서고
내 소년의 성긴 발자국 일어서던
그 역사의 깃발

먼 기억의 그림자로 노저어온
마포나루 새우젓 나르던 황포돛배
오늘은 오월의 강바람 시원스레 가른다

시인은 스치는 바람결처럼 불현듯 시선에 닿는 의미들에게 자신을 쏟아 붓게 된다. 그 대상이 무엇이건 가 닿아 하나이기를 기도한다. 그것은 동일시이며 物我一體의 정신이다. 이처럼 선택한 대상과 마주서는 일은 대상과 시인 사이의 간격을 허무는 일이다. 하지만 그렇게 대상 속에 나를 투여시키는 일이 쉬울 리가 없다. 대상을 내 안에 담아내는 일이 쉬울 리 없다. 이 시집을 엮으며 심혈을 기울인 일도 모든 문제들과 어떻게 하나로 마주설 수 있을까 이었다. 가령 생활고를 이기지 못하고 아파트 옥상에서 투신하거나 강물에 뛰어드는 가장의 슬픔을 얼마나 헤아릴 수 있을까 였으며, 지하철을 배회하는 노숙자의 굶주림을 얼마나 짚을 수 있을까 하는 문제였다. '남자는 오레오라고 쓴 과자 케이스를 들고 있었다'의 시에서 그리고 싶었던 인물의 심중 역시 깊게 읽지 못하고 가정假定의 문밖에만 서성였다는 생각에서 벗어날 수 없다. 하지만 세상 속 모든 고단한 사람들의 삶에 따뜻한 햇살이 비춰지기를 비는 마음은 시를 쓸 때나 쓰고 난 지금이나 다르지 않다.

지연희 시집 소개

1989

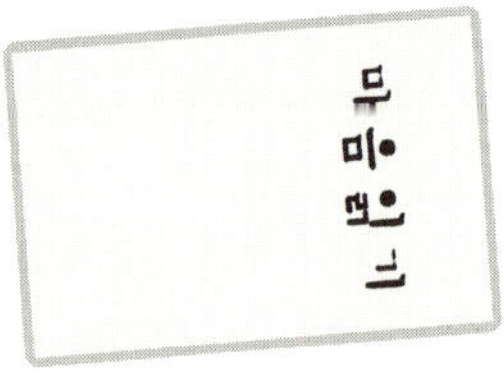

1집
마음읽기
청송

1998

2집
하루가 저물고 다시 아침이
마을

2001

3집
초록물감 한 방울 떨어져
정은문화사

2003

4집
나무가 비에 젖는 날은 바람도 젖는다
정은문화사

2004

5집
사과나무
정은문화사

남자는 오레오라고 쓴 과자케이스를 들고 있었다

남자는 오레오라고 쓴 과자 케이스를 들고 있었다

초판발행 2009년 6월 30일 **지은이** 지연희 **펴낸이** 안창현 **펴낸곳** 코드미디어 **인쇄** (주)이펙피앤씨 **표지디자인** 안창현 **편집디자인** 이효정 **등록** 2001년 3월 7일 **등록번호** 제25100-2001-5호 **주소** 서울시 은평구 갈현1동 419-19 1층 **전화** 02-6326-1402 **팩스** 02-388-1302 **전자우편** codmedia@codmedia.com **ISBN** 978-89-962704-0-9-03810 **정가** 10,000원